RECHERCHES.

RECHERCHES

SUR LA

LÉGISLATION CRIMINELLE

ET LA LÉGISLATION DE POLICE,

EN DAUPHINÉ, AU MOYEN AGE,

SUIVIES

D'UNE NOTICE SUR LE PRÉSIDENT DE VALBONNAIS

ET

D'UNE DESCRIPTION DES REPAS D'HUMBERT II,

DERNIER DAUPHIN DE VIENNOIS ;

PAR M. BERRIAT SAINT-PRIX.

PARIS.

IMPRIMÉ CHEZ PAUL RENOUARD,

RUE GARANCIÈRE, N. 5.

1836.

AVIS.

Les Recherches sur la législation criminelle, etc. en Dauphiné, lues à la Société des sciences et des arts de Grenoble, le 18 nivose an XIII (8 janvier 1805), ont été insérées dans le *Magasin encyclopédique* de Millin, 1805 (cahier de décembre), tome VI, p. 241 et suivantes, mais avec les fautes inséparables d'une impression dont l'auteur n'avait pas même revu les épreuves. (1)

Depuis cette époque, les archives et surtout les registres des délibérations de plusieurs villes (2) qu'il a

---

(1) Ainsi l'on y a omis (p. 249) l'intitulé ou la rubrique du § 1er (délits contre les mœurs) de l'article II.

(2) L'auteur a lu, depuis les temps les plus reculés auxquels ils remontent jusqu'aux premières années du XVIIe siècle, les registres originaux des délibérations des villes de Paris, de Grenoble, de Bourges et de Valence, et beaucoup de fragmens de celles de plusieurs autres villes.

A l'égard des registres de la ville de Salins, qu'il cite plusieurs fois, il n'en a consulté qu'une copie, mais une copie digne de toute espèce de confiance. Elle a été faite, il y a environ quarante ans, et ensuite revue et collationnée avec soin par un amateur distingué d'archéologie, feu Claude-Marie Vallette, conservateur des hypothèques. Elle appartient à son neveu, M. Auguste Vallette, professeur suppléant à l'École de Droit de Paris.

Une chose assez singulière, c'est qu'aucun des historiens assez nom-

eu occasion d'examiner, le Code criminel et le Code pénal, promulgués au bout de quelques années (1808 et 1810), ont fourni à l'auteur la matière d'un grand nombre d'additions.

Ainsi corrigées et complétées, ces Recherches furent lues, le 29 mars 1836, à la Société royale des Antiquaires de France, qui en ordonna une seconde lecture ; mesure qu'elle prend pour les mémoires dont la première lecture fait présumer qu'ils pourront être insérés dans son recueil.

A la suite de la seconde lecture (9 avril 1836), une nouvelle délibération renvoya les Recherches à la commission dite des Mémoires, chargée d'examiner les dissertations soumises à l'épreuve des lectures, et de faire des rapports sur celles qui doivent faire partie des volumes à publier.

Quelques circonstances particulières n'ont pas per-

---

breux de Paris, même les Bénédictins, n'ont lu en entier les délibérations de cette ville. . . . . Le plus illustre de nos confrères à la Société royale des antiquaires, feu J. A. Dulaure, nous a souvent exprimé le regret de n'avoir pu consulter que les fragmens de ces délibérations publiés avant lui, soit par les Bénédictins (*Histoire de la ville de Paris, par Dom Félibien et Dom Lobineau*, 5 vol. in-fol.), soit par Sauval (*Histoire et recherches des antiquités de la ville de Paris*, 3 vol. in-fol.), l'abbé Le Bœuf (*Histoire de la ville et du diocèse de Paris*, 15 vol. in-12), etc.; mais à l'époque où il s'occupait de l'ouvrage auquel il doit surtout sa réputation (*Histoire physique, civile et morale de Paris*, 8 vol. in-8°, 1821-1822) il avait craint de n'être pas admis dans le dépôt (les grandes archives du royaume) où l'on conserve les registres des mêmes délibérations ; et depuis 1830, son âge et ses infirmités ne lui avaient pas permis de faire de semblables recherches.

mis à l'auteur de profiter de ces décisions honorables. Il s'est décidé à publier séparément son travail, ce qui d'ailleurs lui a permis de comprendre, dans les notes, diverses additions auxquelles il eût dû renoncer, parce que l'espace qu'on aurait pu lui accorder, dans le volume de la Société actuellement sous presse, était fort restreint.

Il a profité de l'occasion pour reproduire deux opuscules publiés seulement dans le *Magasin encyclopédique*, et par là même peu répandus : le Magasin consacré en grande partie à la haute érudition, avait fort peu d'abonnés, surtout en France, et ne se soutenait que grâces à la munificence éclairée de son fondateur et directeur, A. L. Millin.

Ces deux opuscules ont d'ailleurs quelques rapports avec les Recherches sur la législation, etc. (3)

Dans le premier, on fait connaître deux ouvrages où une partie des documens sur lesquels elles sont fondées ont été puisés; il s'agit de la notice sur les ouvrages du président de Valbonnais, insérée dans le Magasin, 7ᵉ année (1801), tome I, p. 354 et suivantes. (4)

(3) Observons aussi qu'il s'y est glissé, et d'après la même cause, des fautes grossières comme dans les Recherches. Par exemple, dans la description des repas d'Humbert II, on parle (*Magasin*, p. 302 et 303) de deux dîners pour le mardi, et l'on omet, en apparence du moins, le dîner du samedi, parce qu'au mot *samedi*, l'imprimeur a substitué *mardi*.

(4) On y montre, par occasion, le peu de fondement des reproches qu'on a faits à Voltaire d'être un historien inexact (*voy.* la dernière note (*l*, p. 53 à 56) de la même notice.

Le second, ou la description des repas du dauphin Humbert II, lue au Lycée (depuis la Société des sciences et des arts) de Grenoble, le 17 nivose an x (7 janvier 1802), et insérée, au mois de floréal suivant (mai 1802), dans le Magasin, 7ᵉ année, tome vi, p. 297 et suivantes, donne quelque idée de la détresse des temps féodaux dont il est question dans les Recherches.

RECHERCHES

SUR LA

LÉGISLATION CRIMINELLE

ET LA LÉGISLATION DE POLICE,

EN DAUPHINÉ, AU MOYEN AGE.

Les recherches sur la législation criminelle et la législation de police de nos ancêtres sont sans doute peu attrayantes; mais elles ne sont pas dépourvues d'utilité : elles servent à éclaircir plusieurs points contestés de notre histoire; elles montrent au législateur moderne la source des usages qu'il consacre quelquefois sans réflexion, et à raison seulement de leur ancienneté. En lui découvrant que cette origine fut souvent due à des évènemens bizarres, ou à la cupidité, à l'ignorance, à la superstition, elles diminuent en lui ce respect pour ces usages, qu'il ne leur eût point accordé s'il eût connu les circonstances qui les avaient fait naître.

Ces recherches servent encore de consolation à l'homme de nos jours. Sans cesse on le prévient contre son siècle, on l'aigrit contre sa situation : la corruption toujours croissante des mœurs de ses contemporains, corruption qu'on suppose démon-

2

trée, est l'argument que l'on emploie surtout pour
lui faire regretter le bonheur de ses aïeux. Qu'il
ouvre seulement le livre des lois des siècles féodaux,
et l'amertume de ses regrets diminuera bien vite.
Toute loi criminelle ou de police suppose des délits :
le législateur, peu porté en général à la prévoyance,
ne prononce jamais de peines que contre des fautes
ou des crimes déjà commis plusieurs fois ; et dans
ces dernières années même, où l'on a fait plus de
lois qu'à aucune époque de semblable durée dont
l'histoire ait à retracer le souvenir, on n'a pas d'exemple de peines portées contre des délits inconnus. Si
donc nous trouvons, dans les archives du moyen
âge, des lois répressives de certains délits, nous devons en conclure que ces délits existaient, et si ces
délits étaient variés ou multipliés en proportion de
la population ou des relations sociales, nous pouvons aussi en conclure que nos ancêtres n'étaient
pas plus vertueux que nous ; que la simplicité des
mœurs n'est pas toujours un signe de leur pureté,
comme la multiplicité des jouissances n'est pas toujours une marque de dépravation.

Cette considération rassure l'homme du xixᵉ siècle. Il met à profit les jouissances que les progrès
de la richesse publique, l'accroissement des lumières, les inventions des arts, le perfectionnement des
lois et de la politique lui ont procurées. Loin d'en-
vier la condition misérable des anciens, à qui ces

jouissances étaient inconnues, il se félicite de la sienne puisqu'il voit que, dans leur détresse, ils n'avaient, toute proportion gardée, pas plus de vertu, et par conséquent pas plus de bonheur que lui.

Le président de Valbonnais a traité de la *Justice criminelle au temps des Dauphins*, dans le troisième discours de son Histoire du Dauphiné; mais à peine a-t-il effleuré cette matière, quoique les actes mêmes qu'il a publiés pour preuves, lui fournissent sur ce point bien des détails intéressans. En général, on peut regretter que ce savant illustre n'ait pas toujours tiré assez de parti des matériaux précieux que lui offrait le dépôt important dont il avait la surveillance (les archives de la Chambre des comptes de Grenoble).

Nous profiterons de ces actes, et le manuscrit de Thomassin (voy. à ce sujet ci-après p. 35, note *a*) ne nous sera pas moins utile, puisqu'il contient une notice authentique des ordonnances publiées dans la ville de Vienne, pendant un demi-siècle environ, par les dauphins et les archevêques, co-seigneurs de cette ville.

Nous parlerons d'abord des lois de *police*, et ensuite des *lois criminelles*; nous dirons enfin un mot des exécutions.

Nous donnerions plus d'intérêt à notre travail, mparant pour chaque espèce d'infraction, nos elles et de police avec celles des Dauphins;

mais il serait impossible de présenter une comparaison qui fût complète, et même à beaucoup près.

D'abord, infiniment plus pauvres et plus dépourvus de moyens de communication entre eux, nos aïeux ne pouvaient commettre ni le même nombre, ni toutes les mêmes espèces de délits que nos contemporains.

Ensuite, nous ne voulons présenter que des résultats certains, tous fondés sur des actes authentiques; or, les actes recueillis par Valbonnais et par Thomassin ne contiennent pas ou n'indiquent pas toutes les lois criminelles ou de police du Dauphiné.

Mais quelque petit que soit le nombre de traits que nous allons rapporter d'après ces actes, il nous suffit, soit pour apprécier les mœurs, soit pour nous faire une idée approximative de la condition de la classe la plus nombreuse de la société aux temps féodaux.

En effet, le délit le plus commun à cette époque, comme de notre temps (voy. ci-ap. p. 35, note *b*), était l'atteinte à la propriété ou le vol; mais alors il avait presque toujours un objet différent. Aujourd'hui, quoique la misère les y conduise souvent, les malfaiteurs cherchent plus à s'enrichir ou à se procurer de l'aisance, qu'à assurer leur subsistance du moment : les tribunaux ont moins à punir les vols d'objets propres à apaiser la faim ou à garantir le

corps des intempéries, que d'objets d'un prix plus
considérable. C'est précisément l'inverse qu'on observait chez nos aïeux (voy. à ce sujet, ci-ap. p. 35,
note *c*.)

On aperçoit, au premier coup-d'œil, combien de
conséquences consolantes on peut tirer de cet état
de choses; il suffit d'en énoncer une. Avec beaucoup
plus de jouissances, les modernes ont plus de ressources pour subsister; et comme la subsistance est
le premier, le plus impérieux des besoins de l'homme, celui qu'il faut satisfaire avant tout, et dont la
non-satisfaction empêche d'apprécier quelque espèce de bien que ce soit, il est évident que les modernes sont plus heureux que les hommes des siècles
féodaux.

ARTICLE PREMIER.

Des lois de police.

La police a pour objet de prévenir les délits et
de punir ceux qui portent une atteinte peu considérable à la sûreté des personnes ou des propriétés.
On la divise, suivant que les délits qu'elle concerne
sont plus ou moins légers, en police simple et en
police correctionnelle. Cette classification, due à nos
assemblées législatives, est heureuse : nous n'en fe-
rons cependant pas usage. La même espèce de délits
peut être correctionnelle ou criminelle, suivant le
plus ou moins de gravité de ses circonstances ou de

ses résultats; et nous préférons présenter les mêmes délits dans le même article, avec toutes leurs gradations.

§ 1. Police simple.

Nous n'indiquerons point les peines prononcées contre la plupart des délits de police simple dont nous allons donner la notice, parce que Thomassin, qui nous sert d'autorité pour presque tous, s'est contenté de citer les ordonnances où ils sont réprimés. (1)

Nous pouvons placer à la tête des délits de police urbaine, ceux qui intéressent la santé.

I. Défense à toute personne d'exercer la médecine ou la chirurgie sans se faire approuver par la Cour des comptes (2) de Vienne. (Ordonnance de 1398; Thomassin, fol. 217.)

Défense de vendre : 1° des animaux malades (ordonnance sans date, mais qui paraît antérieure à 1360, Thomassin, fol. 215); 2° de la viande soufflée (ordonnance de 1392 et 1403; Thomassin, fol. 218) ou corrompue (ordonnance de 1392; Tho-

---

(1) Ces ordonnances ont toutes été rendues pour la ville de Vienne; celles qui prononcent des peines ont été rendues pour d'autres lieux que nous indiquerons.

(2) Il faut à présent avoir été examiné par un jury, ou avoir obtenu des grades dans une école de médecine. Voir loi du 19 ventose, an XI, sur l'exercice de la médecine.

massin, d. fol. 218; *acte de* 1291 (3); *Valbonnais,
t. I, p. 29.)*

II. *Sûreté.* — Défense du port-d'armes, et ordre
à tout particulier de secourir ses voisins lorsqu'ils
sont (4) attaqués. (*Ordonnance de* 1356; *Thomassin, fol.* 215.)

Défense de laisser divaguer les porcs (5) dans
les chemins. (*Ordonnance* sans date, mais qui paraît antérieure à 1362, *renouvelée en* 1394 *et* 1396;
Thomassin, fol. 215 *et* 217.)

III. *Marchandises altérées.* — Défendre de vendre des chandelles de mauvaise cire. (*Ordonnance
de* 1392; *Thomassin, fol.* 218.)

IV. *Ventes à faux poids ou fausses mesures.* —
Elles sont défendues à Vienne, sous peine de confiscation des marchandises, qui doivent ensuite être
distribuées aux pauvres (*ordonnance de* 1394;

---

(3) Cet acte contient les libertés de Saint-Georges-d'Espéranche, près Vienne. Il prononce une amende de 60 sous (au
moins 36 francs... *V. p.* 16,) contre la vente de viandes
corrompues (aujourd'hui ce serait une amende de 6 à 10
francs. *C. pén.* 475, ⸹ 14).—En l'an 8, la commune de Saint-
Georges avait 1620 habitans (*Alm. de l'Isère, an xij, p.* 194).

(4) Le Code pénal (art. 475, ⸹ 12) prescrit, sous peine
d'une amende de 6 à 10 francs, de fournir un semblable se-
cours, lorsqu'il y a une réquisition.

(5) Le Code pénal (art. 475, ⸹ 7) défend, sous peine de 6
à 10 francs d'amende, de laisser divaguer les animaux mal-
faisans.

Thomassin, fol. 218 *et* 241 ; *Valbonnais, t. 1,
p.* 25) ; à Grenoble et à Saint-Georges, sous peine
d'une amende de 60 sous, et à Malleval, d'une
amende de 7 sous et demi (*actes de* 1244, 1291, *etc.
Valbonnais, t. I, p.* 22, 28, 112 *et* 140. (Voyez
pour l'évaluation de ces amendes en monnaie de
notre temps, ci-après, p. 36, note *d.*)

Ceux qui cachent la mesure légale et qui déchi-
rent les affiches, sont aussi assujétis à une amende
de 60 sous (*acte de* 1291; *Valbonnais, t. I, p.* 28),
c'est-à-dire de 36 francs au moins (voyez même note
d) et aujourd'hui de 11 à 15 francs. *C-pén.* 479,
f. 9.(6)

§ 2. Police rurale.

Défense, 1° de laisser aller des bestiaux dans les
propriétés d'autrui (*ordonnances de* 1400 *et* 1402;
Thomassin, fol. 218), à peine d'une amende d'une
pièce de monnaie par tête de bétail (*acte de* 1164;
Valbonnais, t. I, p. 16 (7). — Aujourd'hui 1 à 5

(6) Un acte de 1393 (*Valbonnais*, t. 1, p. 128) fait aussi
mention des délits commis par les aubergistes dans leurs
auberges. Quoiqu'il ne les précise point, il est à présumer
qu'il s'agissait de délits de simple police.

(7) Cet acte contient les libertés du bourg de Moirans;
l'amende y est exprimée par les mots *unus nummus;* c'était
vraisemblablement quelque petite pièce de monnaie... Thomassin n'indique point l'amende que prononçaient, sans
doute, les ordonnances de 1400 et de 1402.

francs d'amende, de quelque nombre de têtes que soit composé le troupeau (*C-pén.* 471, ꝗ. 14); à moins toutefois qu'il ne soit atteint d'une maladie contagieuse, et alors l'amende est de 1 franc ou de 3 francs par tête, selon qu'il s'agit de bêtes à laine ou d'autres espèces de bétail. (*Code rural, tit.* 2, *art.* 23.)

2° Défense de troubler qui que ce soit dans sa possession (*ordonnance de* 1399; *Thomassin, fol.* 218), sous peine de 6 livres d'amende si c'est avec armes, et de 60 sous si c'est sans armes (*acte de* 1291; *Valbonnais, t. I, p.* 28.) — A présent, lorsqu'il n'est pas accompagné d'une voie de fait réprouvée expressément par les lois pénales, le trouble ne donne lieu qu'à une action civile (ce qu'on nomme une action possessoire... *C-proc.* 23 *et* 24).

3° Ordre à chaque particulier de réparer les chemins le long de sa propriété (*ordonnances datées de* 1392, 1393 *et* 1398; *Thomassin, fol.* 218). — Ce soin n'est plus à présent à la charge des particuliers... Seulement lorsqu'un chemin est impraticable, il est permis de passer sur les fonds voisins. (*Code rur., tit.* 2, *art.* 41.)

ARTICLE II.

Législation correctionnelle et criminelle.

Nous diviserons les délits dont nous allons parler en quatre classes principales : délits contre les
mœurs, délits contre les propriétés, délits contre les
personnes, crimes d'état.

§ 1. *Délits contre les mœurs.*

I. *Du concubinage.*

1° Défense aux femmes de mauvaise vie (*mere-
trices et fœminæ diffamatæ*) de demeurer ou de se
tenir dans les chemins publics. (*Trois ordonnances
datées de* 1393; *Thomassin, fol.* 217.)

2° Injonction aux juges d'empêcher que les femmes mariées ne se tiennent publiquement dans les
maisons consacrées à la débauche (*Sentence arbi-
trale de* 1274; *Valbonnais, t. 1, p.* 126). — On
sait qu'en France on ne fait ni la défense ni l'injonction précédentes. — (Voyez p. 36, note *e*.)

II. *De l'adultère.*

Les ordonnances précédentes supposent des faits
bien contraires à l'opinion qui allie la pureté à la
simplicité des mœurs. Les autorités que nous allons
citer en supposent d'autres encore plus destructifs

de cette opinion. Qui pourrait en effet penser que dans des temps de sagesse on fut obligé de faire beaucoup de lois contre l'adultère, même contre le viol, et d'en faire surtout pour des villages d'une population infiniment modique, dès qu'on a observé, dans tous les siècles, que les mœurs sont plus pures dans les campagnes que dans les villes? C'est cependant ce que nous allons voir, et nous remarquerons en même temps que le premier de ces délits, l'adultère, devait être assez fréquent, puisqu'on en cite plusieurs punitions, quoique l'on pût se racheter de ces punitions par une amende, et que, selon toute apparence, la plupart des coupables échappaient à la peine, à cause de la difficulté des preuves.

Voici la peine qu'on infligeait, en général, aux adultères. On les faisait courir absolument nus et en les fustigeant (8) en plein jour (9), à travers les villes ou villages (10) où ils avaient été surpris. (*Enquête de* 1276; *Thomassin*, *fol.* 239 *et* 240;

---

(8) *Nudi per villam currere teneantur* (acte de 1291 cité ci-dev. texte, ligne 1, et note 3, p. 15; Valbonnais, t. I, p. 28)... *Fuerunt trottati nudi* (enquête de 1276 , Thomassin , f. 239, et autres autorités).

(9) *Fuerunt trottati de die publice* (même enquête; Valbonnais , t. 1 , p. 25).

(10) *Per magnam carreriam... de palacio Delphinali usque ad portam Sancti-Martini* (même enquête; Thomassin, f. 239); *ab una porta per villam usque ad aliam portam* (acte de 1291, cité d. note 3).

Valbonnais, t.I, p. 25, et la plupart des actes cités plus bas.)

C'est ce que, dans leur latin élégant, nos aïeux expriment ordinairement par ces termes : *trottati sunt ; fecit eos trottare*, etc. ; on ne dispensait pas même les femmes (11) de cette course humiliante. (*Mêmes autorités.*)

Mais on se rachetait de cette peine comme de toutes les autres, en payant une composition ou amende en général plus ou moins forte (12), suivant l'importance des lieux pour lesquels elle était prononcée (*voy. ci-ap. p. 45, note* f.). Ainsi, à Vienne elle était de 10 francs (13); à Grenoble, de 5 fr. ou 100 sous (14); à Moirans (15), Bourgoin,

----

(11) *Unus sine alio trottari non debet* (même acte)... *Adulteros et adulteras,* etc. ; Thomassin, *supra.*

(12) *Si nolunt trottari, solvant bannum* (même acte de 1291)... *Fecit eum redimere decem libris alioquin fecisset eum trottare... redemerunt se ne fustigarentur.* (Enquête de 1276; Valbonnais, d. p. 25.)

(13) Même enquête. Cependant Chorier (*Histoire du Dauphiné,* t. I, p. 87) dit qu'elle était de 10 florins (le florin valait 17 sous) pour les pauvres, et de 25 pour les riches; mais il ne rapporte pas le texte des actes.

(14) *Acte de 1244, contenant les libertés de Grenoble; Valbonnais, t. I, p.* 23...—Suivant l'interprétation que Valbonnais, p. 8, a donnée d'un passage de cet acte, l'amende serait de 5 francs ou 100 sous, pour chacun des délinquans.

(15) Acte de 1164 contenant les libertés de Moirans. (*Valbonnais, t. I, p.* 16.)

Maubec, Moidieu (16), Saint-Georges d'Espéranche (17) et Autrans (18), de 60 sous; à Beaurepaire (19), de 30 sous (20).

En évaluant ces amendes en monnaie de notre
temps (*voy. d. pag.* 45, *note* g.), la moins considérable arriverait à environ 18 fr., et la plus
forte à 120 fr. seulement; d'où il semblerait que
jamais on n'aurait dû avoir d'adultère à punir; car
quel est le misérable qui, de nos jours, ne trouve-
rait pas 120 fr., pour échapper à un supplice igno-
minieux? Cependant l'enquête que nous avons
déjà citée constate plusieurs punitions de ce genre;
ce qui prouve, comme nous l'avons dit, que le délit
devait être très fréquent, puisque tous ceux qui
avaient quelques ressources s'empressaient sans
doute de s'en racheter, et que d'ailleurs, de pareils
délits sont ordinairement cachés et presque toujours fort difficiles à prouver.

Ce fut sans doute à cause de la difficulté de cette
preuve qu'un des actes précédens détermina ensuite

(16) Chorier, au lieu cité précédemment (note 13).

(17) Acte de 1291, cité note 3. Cet acte dit seulement:
Solvant bannum; mais comme le ban où l'amende la plus
ordinaire de cet acte est fixée à 60 sous, nous avons cru pou-
voir évaluer à cette somme l'amende d'adultère.

(18) Acte de 1274, rapporté dans Boissieux, *Traité des
fiefs,* ch. 57.

(19) Chorier, au même lieu.

(20) *Voy.* ci-apr. p. 45, note g.

les indices du crime, indices qu'on ne peut rapporter dans notre langue (21), et que d'autres actes donnèrent une récompense aux dénonciateurs. Cette récompense consistait dans le don du lit où ils avaient surpris les adultères; mais on la changea dans la suite, et on substitua au don du lit, une prime de 5 sols (22).

Cependant il ne paraît pas que, pour augmenter le revenu que les seigneurs tiraient des compositions, on eût toujours envie de trouver des coupables. Un acte de 1274 décide que lorsqu'un homme sera surpris avec une femme dans une maison publique, il ne sera point assujéti à l'amende, s'il ignorait qu'elle était mariée. (*Non puniatur nisi*

(21) *Si quis in adulterio deprehensus fuerit per castellanum, aut familiares nostros et adulterium rationabiliter probetur videlicet conjugatus cum conjugata vel soluta, vel e converso, braccis tractis, inventus fuerit, vel nudus cum nuda inveniatur.* (Acte de 1291, cité note 3).

Même système à-peu-près, à Béziers. Bajulus, disent les libertés accordées à cette ville, en 1174 (Gallia christiana, VI, part. I, p. 142; Catel, Mém., p. 644), *Bajulus vicecomitis vel episcopi, vel aliqui de curia non credentur de captione alicujus hominis, vel fœminæ in adulterio, nisi cum ipsis vicini, vel aliqui probi homines fuerint in ipsa captione.*

(22) *Qui adulterantes deprehenderint non habeant lectum, nec aliquid de bonis ipsorum; nisi tantum quinque solidos, pro lecto.* (Statut de Vienne, de 1361; Valbonnais, t. 1, p. 72).

sciret eam esse uxoratam, etc. — Voyez ci-apr. p. 45 et 46, note *h.*)

Observons, en terminant cet article, que chez nous l'adultère est puni de trois mois à deux ans de prison, et (pour le complice) d'une amende de 100 à 2,000 fr.; et que les seules preuves admises à l'égard du complice, sont le flagrant délit ou des écrits de sa main. (*C. pén.*, 337, 338.)

III. *Du viol*

Le coupable était condamné, à Vienne, à avoir la tête tranchée, après qu'on l'avait promené par la ville sur une jument (*Enquête de* 1276, *Thomassin, fol.* 236). A Saint-Georges d'Espéranche, il était puni à la volonté du tribunal (23); mais s'il n'avait fait violence qu'à une femme de mauvaise vie, il en était quitte pour une amende de 100 sous.

§ 2. *Délits contre les propriétés.*

Le vol était assez multiplié et s'étendait à toute espèce d'objets au temps des dauphins, si nous en jugeons par les actes déjà cités; mais, ainsi que nous l'avons dit, il s'étendait plus aux objets de première

(23) *Si quis virginem aut nuptam solutam, non diffamatam, violenter cognoverit, vel rapuerit..... in nostro arbitrio est, si mulierem diffamatam, aut alias de* LUPANARI...; *debet centum solidos* (acte de 1291, cité note 3.)... Les travaux forcés sont actuellement la peine de ce crime... (Cod. pén., 332 et 333.)

nécessité qu'à ceux d'une grande valeur. Aussi les peines étaient-elles à-peu-près égales pour les diverses espèces de délits : le fouet, la marque, le bannissement, et surtout l'amputation d'une oreille, étaient infligés sans beaucoup de différence ou de gradation, au voleur d'un morceau de pain, d'un morceau de viande ou de lard, d'une paire de souliers, et à celui qui avait coupé une bourse. Voici quelques détails à ce sujet :

1° Vol de fruits, de foin, d'herbe, etc., dans une terre ou vigne (24), à Moirans, 3 sous d'amende, et 6 deniers au dénonciateur. Si le coupable ne peut payer, il est dépouillé de tous ses vêtemens, et banni (*Acte de* 1164; *Valbonnais, tom. I, p.* 16). A St.-Georges, l'amende était de 5 sous, si le vol était fait le jour, et de 60 sous s'il était fait la nuit (*Acte de* 1291 ; *Valbonnais, t. I, p.* 29). — Aujourd'hui l'action de cueillir des fruits est punie de 1 à 5 fr. d'amende (*C. Pén.*, 471, ℣. 9), et s'ils sont détachés du sol, de quinze jours à deux mois de prison. (*Id.*, 388, ℣. 3.)

2° Le vol de pain ou de viande commis par nécessité, s'il n'excédait pas la quantité nécessaire pour apaiser la faim du voleur, n'était, à St.-Georges, puni que du bannissement, et le coupable était af-

---

(24) Il en était de même du vol ou de la rupture d'une clôture. (Le Code pénal, art. 456, punit ce dernier délit d'un mois au moins de prison et d'une amende.)

franchi de la question et de la marque. (*Même acte de* 1291.)

3° A Vienne, le vol de pain , de viande ou de lard, commis dans les boucheries publiques, était puni par l'amputation d'une oreille, le fouet à travers la ville, et la marque. Et ce qui montre que le vol le moins considérable, celui peut-être auquel la faim seule avait entraîné, n'était pas plus épargné que le vol le plus considérable , c'est que, pendant la fustigation, on suspendait l'objet volé au cou du délinquant. Nous avons dans Valbonnais, et surtout dans Thomassin, un grand nombre d'exemples de ces délits et de leurs punitions (*Enquête de* 1276; *Thomassin, fol.* 237, 238, 239, 240; *Valbonnais, tom. I, pag.* 25)... Voyez p. 46, note *i*.

Dans ces monumens d'une législation presque digne de Dracon, nous trouvons cependant un fait qui prouve que les officiers des seigneurs n'étaient pas dépourvus d'humanité. Une femme avait volé un morceau de lard : lorsqu'elle eut été fustigée par la ville, portant, suspendu à son cou, le triste objet de sa cupidité, les officiers du dauphin lui remirent la peine de la marque, et peut-être l'amputation (25), parce qu'elle était enceinte. *Permiserunt abire sine alia pœna quia erat prægnans.* (Voyez ci-apr. p. 46, note *k*.)

(25) Nous n'avons point trouvé d'exemple d'amputation d'oreille, faite à des femmes.

4° *Peines des vols de menus objets.* — Pour un vol de fil, la fustigation (*Thomassin, fol.* 239); pour un vol de souliers ou d'un couperet, le carcan sur le pont de Vienne pendant un jour, avec le couteau ou les souliers au cou (*Thomassin, fol.* 240); pour un vol d'une robe, la fustigation et l'amputation d'une oreille (*Thomassin*, *fol.* 237); pour un vol d'un couperet (26) dans les boucheries publiques, l'amputation d'une oreille et le bannissement. (*Thomassin, ibid.*)

Observons qu'à présent les vols, sans circonstance aggravante, sont en général punis d'un an à cinq ans de prison (C.-Pén., 401), et que ces peines sont souvent adoucies, grâce au système des circonstances atténuantes. Ainsi, en 1833, sur 11,789 voleurs, 3,890 seulement ont été condamnés à plus d'un an de prison, tandis que 7,127 l'ont été à moins d'une année, et que 772 ne l'ont même été qu'à une amende.

Revenons à la législation ancienne.

5° Action de couper la bourse; la fustigation et la marque. (*Thomassin, fol.* 238.)

6° Vol dans les grandes routes, la marque (*Tho-*

(26) *Fossorium.* Selon Ducange, ce mot exprime une espèce de bêche, qu'on nomme encore vulgairement en Dauphiné, un *fessou...*; mais ici, le vol étant commis dans une boucherie, il n'est guère possible de traduire ainsi le mot *fossorium.*

massin, *fol.* 238). — Aujourd'hui, si ce vol est accompagné de deux circonstances aggravantes, on le punit des travaux forcés perpétuels; s'il n'y a eu qu'une circonstance semblable, des travaux forcés à temps; et s'il n'y en a point eu, de la réclusion. (*C. pén.* 383.)

Autres délits contre les propriétés.

Nous pouvons placer dans les délits contre les propriétés, le faux et l'incendie; et voici les peines dont ils étaient punis.

1.º Le faux témoignage, punition pécuniaire à la volonté du juge : *et si pecuniam non habet secundum jus puniatur* (Acte de 1291, cité ci-dev. p. 15, note 3). — A présent, ce délit, suivant les diverses hypothèses où il a lieu, est puni depuis un an de prison jusques aux travaux forcés. (*C.-pén.*, 361 et suiv.)

2.º Incendie d'une maison, d'un gerbier ou d'une fenière : punition arbitraire (*Acte de* 1291, *supra*). —Notre Code pénal punit ce crime, suivant les diverses hypothèses dans lesquelles il a eu lieu, de la réclusion, des travaux forcés, et même de mort. (Art. 434 et suiv.)

Au reste, il faut remarquer qu'outre les amendes et autres peines prononcées contre les délinquans, ils étaient encore tenus de réparer les dommages qu'ils avaient causés. (Il en est de même aujourd'hui.)

§ 3. *Délits contre les personnes.*

Nos actes contiennent de grands détails sur les délits commis contre les personnes. Depuis les simples menaces jusqu'à l'homicide, les délits sont spécifiés dans la plupart de leurs circonstances. Nous en donnerons le tableau.

1° De légères offenses et des coups sans effusion de sang n'étaient sujets à aucune peine à Saint-Georges (*acte de* 1291, *supra*); à Grenoble, il y avait 10 sous d'amende (*acte de* 1244, *supra*); et à Moirans, 30 sous (*acte de* 1164 (27), *Valbonnais, t. I, p.* 16.)

2° Une épée, un couteau ou une autre arme offensive tirée ou levée contre un individu, à Saint-Georges, 30 sous d'amende (*même acte*); à Grenoble, 50 sous; et si l'on ne peut payer, cinquante jours de prison, au pain et à l'eau; mais les mineurs de douze ans étaient affranchis de cette peine. (*Acte de* 1244; *Valbonnais, t. I, p.* 22.)

3° Un coup de la main ou du pied, avec effusion de sang, à Grenoble, 20 sous.. s'il a défiguré ou cassé des dents, 40 sous. (*Même acte.*)

---

(27) A Moirans, ces 30 sous d'amende sont la peine des coups donnés au seigneur ou à son lieutenant (vicario); s'ils l'ont été à d'autres individus et par des hommes ou femmes de mauvaise vie, l'amende est de quatre sous.

4° Un coup d'épée, de pierre ou de bâton, avec effusion de sang, à Grenoble, 100 sous, et si l'on ne peut payer, punition arbitraire (*même acte*); à Saint-Georges, 60 sous (28) (*acte de* 1291, *supra*); et s'il y a eu rupture, ou perte de bras, jambe, etc., à Moirans, 66 sous; à Saint-Georges, 100 sous; à Grenoble, confiscation de corps et de biens, ou punition à la volonté du seigneur (*Mêmes actes de* 1164, 1291 *et* 1244). — Actuellement, si les coups, etc., dans les hypothèses précédentes, ont causé une maladie ou une incapacité de travail pendant 20 jours, la peine est la réclusion; dans le cas contraire, 6 jours à 2 ans de prison, ou même une simple amende. *Voir au reste C.-pén.* 309 *et suiv.*

5° *Homicide.* — A Moirans et à Saint-Georges, punition arbitraire sur la personne et les biens (*mêmes actes*); à Vienne, peine de mort et confiscation des biens. Le criminel était suspendu aux fourches patibulaires, ou lié dans un sac et noyé. L'enquête de 1276 fait mention de deux (29) exécu-

(28) La même amende est prononcée pour un jet de pierre qui passe au-delà de celui contre lequel il a été fait par malice.

(29) *Familiares archiepiscopi reddiderunt dictum homicidam domino Siboldo* (le Mistral du dauphin) *qui fecit poni eum quoddam sacco et ligari et duci ad pontem Rhodani supra pilam, et inde eum precipitari in Rhodanum et necari.*

tions de ce genre (*Thomassin, fol.* 235, 236, 240; *Valbonnais, t. 1, p.* 24, 25 *et* 26), et un compte du châtelain de Vizille, de 1349, en annonce plusieurs autres, mais sans indications particulières (*Valbonnais, t. II, p.* 585).—Parmi nous, l'homicide est aussi puni de mort, si c'est un assassinat, un parricide ou un infanticide; il ne l'est que des travaux forcés perpétuels, si c'est un simple meurtre, et qu'il n'ait ni précédé, ni accompagné, ni suivi un autre crime, ou bien qu'il n'ait pas eu pour but de préparer, faciliter, etc., un délit. (*Voir au reste C. pén.*, 302 *et* 304.)

6° L'empoisonnement était puni par le feu (*Comptes des châtelains de Mont-Bonnod et de Mont-Fleury*, 1348 *et* 1349; *Valbonnais, t. II, p.* 584). — Aujourd'hui il l'est de mort. (*C. pén.* 302.)

Ce sont surtout les Juifs qu'on accusait de ce crime, et à qui l'on infligeait ce supplice horrible, lorsque quelque calamité, telle qu'une épidémie, une peste, venait ravager nos contrées (*Voy. Valbonnais, ibid., et t. I, p.* 371). Les préjugés les plus violens subsistaient contre eux bien long-temps après ces exécutions. Thomassin, l'un des principaux conseillers de Louis XI, lorsqu'il n'était encore que dauphin, lui fait, dans notre manuscrit, les exhortations les plus pressantes de chasser du Dauphiné cette race de mécréans (*id., fol.* 166.)

§ 4. *Crimes d'état.*

Nous ne trouvons dans les actes que deux espèces de crimes contre l'état.

1° La contrefaçon du sceau du seigneur accom-
compagnée de concussion. Le coupable était noyé
comme les homicides (*Enquête de* 1276; *Valbon-*
nais, t. I, p. 26). — Ce crime est à présent puni
des travaux forcés perpétuels. (*C. pén.* 139.)

2° *La trahison.* — A Saint-Georges, la punition
du coupable était à la volonté du seigneur : ses biens
étaient confisqués, et *ses héritiers bannis* (Acte de
1291, *supra*). — Aujourd'hui la mort est aussi la
peine de la trahison (*C. pén.* 76 *et suiv.*); mais
comme les peines sont purement personnelles (Loi
du 21 *janvier* 1790), les héritiers du coupable sont
affranchis de toute poursuite.

Outre les peines diverses que nous avons indiquées précédemment, on en trouve quelques autres mentionnées dans les actes, telles que le talion,
la question, l'amputation du poing, et la suspen-
sion; mais nous ne connaissons pas les délits auxquels elles étaient applicables. (*Enquête de* 1276;
Thomassin, fol. 238.; *actes de* 1290 *et* 1390; *Val-*
bonnais, t. I, p. 28, 34 *et* 38.)

ART. III.

Des exécutions.

Le mode d'exécution des criminels est une preuve
de la barbarie de ces temps. Il paraît que, dans les
commencemens du régime féodal, les vassaux des
seigneurs étaient soumis à remplir les fonctions
d'exécuteur comme à faire de simples corvées. Les
habitans de Saint-Georges stipulèrent dans l'acte de
1291, déjà cité, qu'ils seraient affranchis de cette
charge. *Burgensis... non tenetur facere aliquam
mutilationem, nec ultimum supplicium latronum,
seu malefactorum præcepto nostri castellani vel al-
terius, nisi de sua processerit voluntate* (Valbonnais, t. I, p. 26). Cependant, s'ils exigèrent cette
franchise par prévention contre un tel ministère,
il fallait que l'opinion eût changé avec bien de la
rapidité, puisque très peu de temps auparavant les
mistraux ou leurs lieutenans, c'est-à-dire les juges
des dauphins et des archevêques de Vienne, dans la
ville de Vienne (*Valbonnais, t. I, p.* 107 *et surtout
p.* 109), l'exerçaient souvent, et avouaient franche-
ment qu'ils l'avaient exercé. *Ipsemet,* dit un de ces
officiers dans l'enquête de 1276, *ipsemet testis amputavit eidem latroni auriculam in præsentia mul-
torum...* Et ailleurs : *Fustigavit latronem per civita-
tem, usque ad portam Sancti-Martini.* Un autre

ajoute : *Ipsemet testis tenuit latronem per capillos quousque garcio suus signavit ipsum latronem ferro calido.* (Thomassin, fol. 237; Valbonnais, t. I, p. 25.) (30)

La manière dont ces mêmes exécuteurs rendaient souvent la justice, n'était pas moins grossière ; c'était une véritable justice bottée. Quelquefois ils punissaient le coupable à l'instant et sans procédure : *quidam latro furatus fuit in macello quamdam magnam quantitatem carnium, quem ipse testis cepit et statim ibi ipsemet testis amputavit eidem latroni auriculam, etc.* (Même enquête). Mais, pour l'ordinaire, ils prenaient le conseil verbal de quelques-uns des soldats ou bourgeois qui se trouvaient présens, et la sentence était aussitôt prononcée et exécutée. *Interrogatus* (testis) *si fuit judicatus dictus latro, dicit quod non aliter, quia non consueverunt ita judicare, sed solùm habebant consilium cum burgensibus seu militibus* (Même enquête ; Thomassin, fol. 241 ; Valbonnais, t. I, p. 25)... *Dictus*

(30) Les juges dauphinois n'étaient pas alors les seuls qu'on vît exercer et se vanter d'avoir exercé les fonctions de bourreau. Pierre Moysset, juge de l'abbé d'Aurillac, cité comme témoin dans une enquête faite en Auvergne au xiiie siècle, s'exprime ainsi : *Propria manu amputavi pedes, manus, auriculas, et suspendi ad furcas...* Et il ajoute que son père en avait fait autant, en la même qualité de juge de l'abbé d'Aurillac. *Baraillon, Recherches sur les Cambiovicenses, extraites au Moniteur de 1807, p. 293.*

Morellus (le lieutenant du mistral) *habuit consilium de quatuor militibus , et de illorum consilio fustigavit latronem*, etc. (Même enquête.)

Ici se terminent nos recherches sur la législation criminelle des anciens Dauphinois; nous desirons qu'elles concourent à établir ce que nous avons avancé, « que nous devons nous féliciter de vivre
« dans un siècle où nous avons un meilleur régime,
« plus de lumières, plus de richesses, plus de jouis-
« sances en tout genre, sans avoir plus de vices, à
« proportion du moins de nos jouissances; où , en
« un mot, il ne paraît pas que, sous aucun point
« de vue, nous ayons à regretter ces temps dont on
« voudrait célébrer la sagesse, quoiqu'on puisse
« tout au plus en prouver la détresse, l'ignorance
« et la simplicité. »

NOTES FINALES.

(*a*) *Note renvoyée de la page* 11.

Ce manuscrit est intitulé *Le Registre Delphinal*. Il contient des recherches sur les droits du Dauphin, depuis Louis XI, faites d'après ses ordres, par Mathieu Thomassin, un de ses conseillers. Thomassin y a inséré des enquêtes authentiques, où nous avons puisé une partie des faits cités dans notre mémoire. L'original du manuscrit conservé jadis dans les archives de la chambre des comptes du Dauphiné, est aujourd'hui dans la bibliothèque publique de Grenoble. On en trouve une notice fort étendue dans Lelong et Fevret (n. 37930)... il y en avait une copie partielle dans les manuscrits de Colbert (n. 3657).

(*b*) *Note renvoyée de la page* 12.

D'après le Compte de l'administration de la justice criminelle en France, sur 4891 accusations soumises aux cours d'assises pendant l'année 1833, 1414 avaient pour objets les personnes, et 3477, ou près des trois quarts du nombre total, les propriétés.

(*c*) *Note renvoyée de la page* 13.

Nous avons lu tous les arrêts sur les matières criminelles, publiés dans les journaux depuis près de quarante ans; nous n'y avons trouvé qu'un seul exemple d'un vol tenté pour besoin de subsistance. Nous disons *tenté* parce qu'il ne fut pas consommé. C'était pendant la famine de 1817, suite de la modicité des récoltes de 1816. *Voyez* arr. de rej. du 11 juin 1818, au Bullet. de cassat. crim., n. 77.

(*d*) *Note renvoyée de la page* 16.

D'après le calcul que fait Valbonnais, *t. I, p.* 371, le sou de ces temps en vaudrait environ douze du nôtre. Nous croyons, nous, qu'il vaudrait peut-être deux fois davantage, parce que alors l'argent comparé aux denrées, avait une valeur beaucoup plus forte que de nos jours, et que le calcul de Valbonnais repose uniquement sur la différence de la valeur du marc d'argent aux xiiie ou xive siècles, avec celle du marc d'argent, au xviiie.

Quoi qu'il en soit, si l'on part du calcul de Valbonnais, les 60 sous d'amende du xiiie siècle vaudraient aujourd'hui 36 francs, tandis que la même contravention, ou la vente à faux poids, d'après notre Code pénal (art. 479, in. pr. et †. 5) n'est passible que de 11 à 15 fr. d'amende.

Observons au reste que cette contravention était fort commune aux xiiie et xive siècles. Thomassin (fol. 218 et 241) et Valbonnais (*tome I, pag.* 25) citent une confiscation de pains faite sur tous les fabricans de Vienne, pour *fausseté* de poids.

(*e*) *Note renvoyée de la page* 18.

Non permittant neque sustineant morari mulierem uxoratam publice in prostibulo seu bordello, dit la sentence citée au texte, p. 18, sentence qui fut rendue en 1274 par des arbitres chargés de prononcer sur les différends de l'archevêque de Vienne et du chapitre de Romans avec les habitans de cette dernière ville (v. ci-ap. note *h*).

Il serait très facile de citer un grand nombre d'autorités, pour prouver que la dissolution des mœurs que supposent la sentence de 1274 et les trois ordonnances de 1393, citées même page, était générale en France. Si l'on consulte le Recueil du Louvre, le traité de la police par de Lamarre, l'histoire de Paris de dom Félibien, etc., on trouvera des ordonnances, soit du monarque, soit du juge de police, qui tantôt défendent absolument, et tantôt restreignent à certaius lieux la prostitution publique. Telle est entre autres une ordonnance du prévôt de Paris, du 18 septembre 1367 : elle enjoint aux filles de cette ville de demeurer aux bordeaux et autres lieux publics qui leur sont destinés dans neuf rues qu'on y désigne... Il ne paraît pas même que ce réglement fût exécuté à la rigueur. En 1387, le chapitre de Saint-Méry (à Paris) entreprit d'exclure les femmes publiques, d'une rue voisine de sou église ; les bourgeois s'y opposèrent ; il y eut un procès au parlement, et les bourgeois y obtinrent une décision provisoire, favorable à leurs prétentions. Cette pièce curieuse est dans l'histoire de Paris de dom Félibien, tom. III, p. 538.

Voilà ce que nous disions dans la première édition de notre mémoire, et ce qu'avait établi depuis peu de temps avec beaucoup de détails, le savant Christophe-Guillaume Koch dans ses Observations sur l'origine de la maladie vénérienne (*Mém. de l'Institut, sciences morales*, 1803, *t. IV*, *p. 363 et suiv.*), Observations dont nous n'avions pas connaissance, et où il remarque notamment, que dans toutes les villes un peu importantes, il y avait pour les filles publiques des lieux de rassemblement, des maisons (à Strasbourg, entre autres, plus de soixante)... des quartiers.... (*Voir* aussi pour la Provence, Fauris de Saint-Vincent (1), Mémoire publié dans le *Magasin encyclopédique de Millin*, 1814, t. I, p. 37 à 40.)

Nous allons joindre ici aux autorités citées par Koch,

(1) Dans la notice sur la vie de ce savant, on dit (p. 23) d'après ses manuscrits, que les consuls des communes de Provence étaient, au XIVe siècle, chargés de veiller à la construction des *Lupanar* (v. d. notice, Aix, an viij-1800 et 1804, in-4°).

diverses pièces dont la plupart sont inédites. Nous commencerons par celle qui termina en quelque sorte les dissensions du quartier de Saint-Méry.

Au bout de trente-huit ans, en 1425, le chapitre de cette église parvint à faire écarter les femmes publiques de son voisinage, grâce à l'appui qu'il se procura de plusieurs de ses paroissiens ; mais il fallut obtenir du roi d'Angleterre, Henri VI, alors maître de Paris et d'une partie de la France, un édit où précisément les faits précédens sont constatés d'une manière authentique.

Après y avoir parlé en effet de la réclamation formée par les *marreglers* et paroissiens de l'église de Saint-Méry relativement à «ung lieu qu'on dit *Baille-Hoé* (on croit que « c'est la rue Brise-Miche) estant assis auprès et comme « joingnant de lad. église et auquel lieu se tiennent conti- « nuellement femmes de vie dissolue et *communes*, que on « dit bordellières, lesquelles y.tiennent clappier et bordel « publique... » et observé que « les bourgeois souventes fois « ont laissié à venir (c'est-à-dire empêché de venir) leurs « femmes et enfans à ladite église à l'occasion (c'est-à-dire à cause) dudit bordel, on ajoute : « considérant aussi que « nostre dicte ville a *moult* d'aultres lieux et places ordonnées .« à ce et mesmement assez près d'ilec (de Saint-Méry) « comme au lieu que l'en dit la cour Robert et ailleurs plus « loing de l'église, pour retraire lesdictes femmes... » (*Trésors des chartres , registre* 173, *édit d'avril* 1424 *avant Pâques.*)

Dans ce même temps Charles VII était bien plus favorable aux filles de la grande abbaye de Toulouse puisqu'il les prenait sous sa protection. *Ad supplicationem ,* dit-il, (déclarat. du 13 févr. 1424, avant Pâques, c'est-à-dire 1425) dans Catel, Mémoir. du Languedoc, p. 187, et d'après lui, dans le recueil du Louvre, t. XIII, p. 75), *dilectarum nos-*

*trarum capitulariarum Tholosæ... expositum fuit quod... pos-
sideant... justo titulo... quoddam hospitium vulgariter vocatum
bordellum... dictas mulieres... in et sub protectione, tuitione,
salva et speciali gardia nostra... ponimus....* C'était au reste
une suite de la protection que Charles VI, père de Charles
VII , avait accordé aux mêmes femmes, trente ans auparavant (au mois de décembre 1389), en les dispensant de se
vêtir de robes de certaines formes et de certaines couleurs,
comme on l'exigeait alors dans le pays. (*Trésor des Chartres,
registre* 137, *pièce* 81.)

Dans un simple village, Cléry, près de Péronne, on
trouvait deux maisons de prostitution... (*pro duobus bordellis
Clariaci, expensum* , etc.... Comptes de la prévôté de Péronne, dans Brussel, Usage des fiefs, t. II, p. 153). Et l'on a
vu (*ci-dev. p.* 23, *note* 23, *et p.* 15, *note* 3 *confér.*) qu'il y
en avait au moins un dans un autre village ou petit bourg
(Saint-Georges-d'Espéranche).

A Bourges, la rue des Vertus s'appelait encore au
xviie siècle, la rue du Vieux-Bordel (ce nom est dans le
plan publié alors par Nicolas de Fer), et la petite rue de Notre-Dame, dans des temps plus anciens, la rue Gratte-C....le
(ce nom se lit dans de vieux actes... *Note communiquée en
septembre* 1823, *par M. de la Bouverie,* notaire). Enfin dans
des plans modernes on voit encore le nom de la rue Pousse-
Pénil.

Voici ce que nous lisons dans les registres des délibérations de la ville de Grenoble :

6 avril 1513. Rapport sur l'état où se trouvaient les
chaînes tendues dans les divers carrefours de la ville... *In
cadro, ad bordellum , bona...*

22 octobre 1518. Plaintes d'une usurpation faite sur la
voie publique : Antonius Fontaine fregit carreriam supra
cadrum euntem ad Lupanar.

15 décembre 1539 (*en marge*). Pour les filles du bordeau de la présente cité.

Sur la requeste baillée par les filles du bordeau de la présente cité quant à ce qu'elles demandent leur être pourvu d'une maison en payant en un lieu ordonné.

Conclut que MM. les consuls se présentent devant M. le juge commun et savoir de lui si la ville est tenue auxdites filles fournir d'ung lieu ordonné en payant, et si elle en est attenue, lui dire et auxdictes filles remettre le lieu et plasse vers la porte Chalmont, lieu à ce député jusqu'à présent.

30 octobre 1545. Le procureur-général du roi a fait venir un des consuls pour lui dire entre autres choses « qu'il est besoin d'avoir et tenir une maison commune pour tenir le Bordeau commun.... »

Conclut... quant au Bourdeau, la court en fera à son plaisir, si bon lui semble.

15 janvier 1546. Les gens du roi ont baillé requeste à la cour pour faire fournir par la ville « ung lieu et maison propice pour tenir les filles impudiques. »

12 juin 1546. Avis que « les filles garces ont bailhé requeste à la court, pour avoir maison propice à tenir le bourdeau.... »

Conclut que le procureur.., répondra... « que les dictes filles déclairent le lieu où elles veulent tenir bourdeau et payer le louage... »

19 juin 1551. « A la barrière... a une maison dans laquelle se retirent grand nombre de garces mal vivantes et débouchées que causent grands dommages... et plus pourroient faire... eu esgard au dangier de peste.... »

31 mai 1555 (*en marge*). Pour la poursuite des garces des prêtres.

Conclut que MM. les consuls aillent prier M. le juge de faire justice et punir les femmes mal et lubriquement vivantes et chambrières des prêtres indifféremment sans nulle exempter et le plus diligemment que faire se pourra.

26 août 1552. Les pères dominicains se plaignent des femmes qui vont étendre leurs buyes (lessives) sur les murailles de la ville au-dessus de leurs jardins, que peut causer quelque débauche des religieux, pour ce que quelques-unes montrent cuysses et c...., qu'est leur grand dommaige.

Extrait des délibérations de la ville de Salins.

16 avril 1479. A esté pour parlé des estuves et bordeaulx que Jehan Colin tienct et souffre tenir dans sa maison.

21 juillet 1525 (*en marge*). Garces des prêtres.

...Au moyen de plusieurs garces femmes mal notées servandes de plusieurs prestres estant en ceste ville... commandement sera faict à toutes garces et servandes de gens d'église mal notées et suspectes de déans lundi vuider cette dicte ville.

30 janvier 1527 (*en marge*). Garces communes.

Conclut que pour le bien, honneur et proufict de cette ville les garces et filles communes estant ès haulles (halles), l'on leur donnera congié pour aller résider en aultre lieu que ceste dicte ville.

26 juillet 1528 (*en marge*). Filles communes.

A esté advisé pour le bien de la ville d'avoir une maison commune pour les filles publiques, et pour en trouver en achat ou en louaige, on nomme six magistrats...

4 août 1569.

Sur la remontrance... Plusieurs filles publiques estre en diverses maisons des sieurs ecclésiastiques...

26 avril 1583 (*en marge*). Débauches des prêtres.

Le sieur Mayeur a requis que le procureur se deust informer que les sieurs des églises Notre-Dame et Saint-Michel avaient envoyé leurs putains en sa maison...

6

Extrait des manuscrits Dupuy.

J'ai recouvert un arrêt du parlement de Toulouse, de 1552, contre les prêtres concubinaires. (*Lettre d'un conseiller de Dijon, ibid., vol.* 490, *n.* 172.)

Je me suis rendu curieux de voir nos registres... Il cite alors dix arrêts du parlement de Dijon qui condamnent des chanoines, des curés, etc., en 1586, pour sod.....; en 1607, pour viol d'une fille de sept ans (1); en 1608, pour rapt et adultère, etc. (*autre lettre, ibid., n.* 173). — Il cite d'autres condamnations prononcées contre des prêtres, mais pour des crimes étrangers à l'objet de cette note, tels que le meurtre, le fratricide...

On se demandera peut-être pourquoi la plupart de ces documens (sans parler d'une multitude d'autres que nous omettons) sont restés manuscrits jusqu'à ce jour ? la réponse sera bien simple : le gouvernement ne permettait pas ces sortes de publications. Entre autres exemples, nous citerons ce qui arriva au savant auteur des antiquités de Paris, Sauval (2). Presque tous les articles du même genre dont il enrichissait son ouvrage furent supprimés, et notamment une *Histoire des lieux de prostitution* contenant plus de trente pages, grand in-folio, dont nous avons trouvé une copie dans la bibliothèque précieuse de M. Le Ber, président actuel de la société royale des antiquaires.

Dans cet ouvrage, Sauval s'écartant du sujet principal

(1) Il y eut un procès au Parlement de Paris vers 1611, entre le chapitre et le présidial de Clermont : il s'agissait de savoir lequel du juge ecclésiastique ou du juge séculier, connaîtrait du crime de rapt et de viol d'une fille de 12 ans dont étaient accusés deux ecclésiastiques de la cathédrale. (Actions et plaidoyers de Loys Servin, 1629, II, 357.)

(2) Henri Sauval, avocat, mort en 1670. Son ouvrage ne parut que 50 ans après sa mort, en 3 vol. in-fol.

indiqué par le titre, s'occupe d'abord des monastères fondés pour les filles publiques pénitentes (1); il parle ensuite soit de la vie dissolue des moines, des religieuses, des régens et des écoliers; soit d'une multitude de faits particuliers de débauche ou d'adultère, parmi lesquels nous trouvons celui-ci (p. 10):

Vers 1458, on pendit à Paris un Normand, et l'on brûla à Maigny, près de Pontoise, sa fille, parce qu'ils avaient eu ensemble plusieurs enfans et qu'ils les tuaient dès qu'ils étaient nés.

Dans toute cette partie, Sauval ne glisse qu'un mot sur son sujet, lorsqu'il dit (page 4) qu'au temps du cardinal Jacques de Vitry, légat en France sous saint Louis (au milieu du XIIIe siècle), on trouvait par toutes les rues de Paris, un ou plusieurs lieux infâmes.

Il y arrive enfin vers la page 14, et après avoir parlé des femmes qui étaient à la tête de lieux de prostitution, il donne (p. 14 et suiv.) des détails curieux que nous allons reproduire en les abrégeant.

Le nombre des femmes publiques à Paris était (au XVe siècle) si prodigieux que je ne pense pas y avoir découvert toutes les rues affectées à leur demeure... Cependant j'en ai découvert une si grande quantité qu'elles se peuvent diviser par colónies, savoir :

Dans la première colonie, les rues de Glatigny, de l'Abreuvoir, des Maçons, Brise-Miche, Fromentel, du Renard,

(1) Ces monastères étaient assez nombreux. Il y en avait un à Grenoble dès le XIVe siècle. Comme il était insuffisant, l'immortel chevalier Bayard donna, le 22 juin 1523, une maison plus vaste que l'ancienne. Malgré ce don, on demandait le 24 décembre suivant de faire recevoir une de ces filles à l'hospice. La ville refusa, « quia, dit-on dans la délibération, illæ quæ fuerunt et sunt repentinæ male vixerunt et vivunt ut fertur. »

du Melon, Tiron, Chappon, Champ-Fleury... ce sont les plus anciennes et la plupart ont été destinées sous saint Louis aux débauches publiques.

Dans la deuxième colonie, les rues Transnonain, du Pélican, des Deux-Portes, Beaurepaire, Percée, Tire-Boudin, Clopin, Bourg-Labbé, d'Arras, du Paon, du Meurier, Pavée, Traversière...

On pourrait joindre une troisième colonie, où seraient les rues des Haut-Moulin, Cocatrix, des Canettes, de Perpignan, de la Licorne, Geoffroy-Langevin, des Ménétriers, Beaubourg, Maubué, Simon-le-Franc et peut-être la rue des Carcuissons, et la rue du Louvre que l'on a nommée le bordel de la maison du roi.

Ces rues s'appelaient en général bordels ou bordeaux publics, souvent rues bordelières, quelquefois clappiers publics et maquerellages.

Sauval (p. 17) cite ensuite les anciens noms de ces rues; par exemple, la rue Transnonain s'appelait Trousse-Nonain, ou Trousse-Put.... et l'on nous dispensera de rappeler les anciens noms qu'il indique pour les rues Tire-Boudin, Beaurepaire, du Pélican, etc... et pour un grand nombre de communes dont les nouveaux noms commencent par une des dernières lettres de l'alphabet.

Il parle aussi (p. 21) des habits que portaient ces femmes, des marques auxquelles on les avait soumises, de leurs salaires (p. 24), des procès qu'il fallait leur faire (p. 26) et des mesures qu'on était forcé de prendre pour les empêcher de s'écarter des rues à elles assignées; ou bien pour les chasser de quelques-unes..; de l'extrême difficulté de faire exécuter les jugemens obtenus contre elles (p. 32)... Chassées de plusieurs de ces rues sous Charles IX, elles reparurent sous Henri III, dans d'autres, telles que la vieille rue du Temple et la rue de la Perle (p. 33).

.. Il termine (p. 33) par cette observation : depuis que les prostitutions sont défendues à Paris, il y en a peut-être eu plus qu'auparavant.

(f) Note renvoyée de la page 20.

Le système ancien de substituer l'amende à une peine corporelle était tout au détriment du pauvre et devait favoriser au contraire les délits et les déréglemens des riches.

La législation moderne, quoique encore imparfaite sous ce rapport puisqu'elle ne proportionne pas la peine pécuniaire à la fortune des délinquans, l'emporte infiniment sur l'ancien système en ce qu'elle ne réunit presque jamais la pénalité pécuniaire à la pénalité corporelle; 2º en ce qu'elle ne permet la substitution de l'amende à la peine corporelle qu'en cas de circonstances atténuantes, ce que les juges peuvent faire pour le pauvre comme pour le riche; 3º en ce que les peines pécuniaires sont presque toujours bien moins fortes qu'aux temps féodaux.

(g) Note renvoyée de la page 21.

Il y avait encore d'autres pays où l'adultère se rachetait par des amendes, mais nous ne les indiquons point, parce que nous ne connaissons pas la fixation de ces amendes (*voy. par exemple*, pour la ville de Romans, la sentence de 1274, citée texte, p. 18 et note *c*, p. 36).

(h) Note renvoyée de la page 23.

On a vu que la sentence de 1274 défend de souffrir qu'une femme mariée se tienne dans un mauvais lieu. On y ajoute : *Si quis ea causa adulterii capiatur, non puniatur pœna qua adulteri consueverunt puniri, nisi constaret quod ille captus sciret eam esse uxoratam, cum præsumatur eum in casu hujusmodi ignorare.* — Les arbitres qui rendirent cette sentence étaient un évêque et un prieur, et avaient été nommés par le pape.

(*i*) *Note renvoyée de la page* 25.

Il suffira de citer quelques dépositions de l'enquête de 1276.

1° Fustigavit per villam quemdam qui furatus fuerat carnes in macello, portans carnes suspensas ad collum, et ibi ipsemet testis illi amputavit auriculam. (*Thomassin, fol.* 237.)

2° Quidam fuit fustigatus per villam et ibi fuit sibi amputata auricula quia furatus fuerat panem prope macellum (*ibid.*);

3° Quidam qui furatus fuerat panem in carreria fuit fustigatus per villam et fuit signatus ferro calido (*idem. fol.* 238);

4° Quædam latronissa quæ furata fuerat boconem vini fuit fustigata per villam, portans boconem in collo (*idem, fol.* 239).

(*k*) *Note renvoyée de la page* 25.

Il y a aussi un exemple d'une remission de la marque faite sur la prière de personnes présentes, à une femme qui avait volé une robe, et qui, à cause de ce délit, avait d'abord subi la peine du fouet. *Fuit trottata per magnam carreriam usque ad portam Sancti-Martini, portans robam quam furata fuerat, ad collum suum, et erat* dechevelata *et nuda usque ad corrigiam* (Thomassin, fol. 239 et 240).

NOTICE SUR LES OUVRAGES

DU PRÉSIDENT DE VALBONNAIS.

On lit dans le tome 1ᵉʳ des *Siècles littéraires de la France*, par *Desessarts* (1) : « Bouchenu de Val-« bonnais (Jean Pierre), premier président de la « chambre des comptes du Dauphiné, né à Gre-« noble en 1651, mort en 1730, serait inconnu « dans la république des lettres, si Voltaire ne l'eût « placé dans la liste des écrivains du siècle de « Louis XIV; il lui attribue des Mémoires sur le « Dauphiné, inconnus dans la librairie. »

Cette accusation d'inexactitude contre Voltaire se trouve mot à mot dans les *Trois siècles* de l'abbé Sabathier, d'où sans doute Desessarts l'a tirée. Les deux articles ne diffèrent que dans la dernière ligne. Au lieu d'avancer que les Mémoires sur le Dauphiné sont inconnus dans la librairie, Sabathier déclare seulement qu'il n'a pu se les procurer, et que par conséquent il ne peut rien en dire.

Si l'auteur des *Trois Siècles de littérature* eût daigné ouvrir le septième volume de l'histoire de l'Académie des inscriptions et belles-lettres, il aurait

(1) Six vol. in-8°. Paris, 1800-1801... Nicolas Lemoyne-Desessarts fut avocat et ensuite libraire à Paris.

cédé moins vite au plaisir de censurer Voltaire. Il
y aurait vu (p. 429), dans un éloge composé par
Cl. de Boze, que Valbonnais (2) n'était point inconnu dans la république des lettres; que son amour
pour les sciences, la protection éclairée qu'il leur
accordait, ses connaissances, ses talens, et les ouvrages qu'il avait composés et publiés, quoique aveugle, le firent recevoir, en 1728, dans cette académie
célèbre, sous le titre unique de *correspondant ho-
noraire.*

Il y aurait vu aussi que les circonstances principales de sa vie, citées par Voltaire, y sont rappelées
avec d'assez grands détails (3), et qu'on y donne
une notice de l'ouvrage dont l'auteur des *Siècles
littéraires* a ensuite révoqué en doute l'existence.

Comme cet ouvrage nous a été et nous est encore
utile pour diverses recherches sur notre pays, nous
croyons devoir en dire un mot.

Les *Mémoires pour servir à l'histoire du Dauphiné,* en un volume in-folio, ont été publiés en
1711, à Paris, chez *Imbert de Batz.* Ils contiennent:

(2) Jean-Pierre Moret de Bourchenu (et non pas Bouchenu).
de Valbonnais, premier président de la chambre des comptes
de Grenoble, né dans cette ville en 1651, et mort en 1730.

(3) On les trouve aussi dans la bibliothèque du Dauphiné,
par P.-V. Chalvet, professeur d'histoire, in-8°, Grenoble et
Paris, 1797, et dans tous les dictionnaires historiques et
biographiques au mot *Valbonnais.*

1.° Une table des noms que portaient, aux temps des dauphins, les principales villes, et les principaux bourgs et châteaux du Dauphiné, suivie d'une carte dressée par Guillaume Delisle, où ces noms anciens sont également rapportés.

2.° Cinq discours sur l'origine des Dauphins, la justice, la guerre, les finances, et les officiers de justice et de finance du Dauphiné. A la suite des quatre derniers, sont transcrits littéralement 84 titres anciens qui leur servent de preuves.

3° Un journal historique tiré des actes transcrits dans l'ouvrage, et de quelques autres titres anciens.

Il semble, d'après la table (p. 8.), que ce journal contienne les évènemens qui ont eu lieu depuis 1312 jusqu'à 1355; et Cl. de Boze a sans doute adopté cette assertion lorsqu'il avance (4) que les mémoires de Valbonnais sont l'histoire la plus exacte et la plus circonstanciée des dauphins de la troisième race : c'est une erreur. Il n'est question dans ce journal, des évènemens des années 1312 jusqu'à 1333, époque de l'avénement de Humbert II, dout on y fait l'histoire, qu'autant qu'ils ont rapport à ce prince, et ils y occupent à peine une page.

4° Un état de la maison de Humbert II, où l'on recherche quelles étaient les fonctions de ses officiers, l'ordre qu'il gardait dans ses repas et dans ses

(4) Académie des inscriptions, t. VII, p. 432.

audiences, les habillemens en usage, soit en hiver, soit en été ; la dépense de sa maison, évaluée sur le pied de la monnaie actuelle. Ce dernier état est infiniment précieux pour ceux qui s'occupent d'économie politique.

5° Un recueil de 284 titres disposés par ordre chronologique, et suivis de notes savantes où l'on en éclaircit le texte. Ils sont destinés à servir de preuves à toutes les parties de l'ouvrage, et spécialement au journal historique.

Valbonnais ne borna point ses travaux à cet ouvrage, qu'on regardait déjà comme *étonnant* (5), surtout en égard à la position de l'auteur (il était aveugle depuis plus de dix ans). Il fit de nouvelles recherches, et il donna bientôt une seconde édition (6), qu'on peut considérer comme un nouvel ouvrage.

Outre les matières ci-dessus indiquées, on y trouve :

1° Une dissertation sur la généalogie de la maison de Latour-du-Pin, précédée de deux lettres écrites à ce sujet à l'auteur, par le savant Baluze, et d'une table généalogique.

(5) De Boze.
(6) Elle fut imprimée à Genève en 1720, en deux vol. in-fol., chez Fabry et Barillot, sous le titre *d'Histoire du Dauphiné et des princes qui ont porté le nom de dauphin, particulièrement de ceux de la 3° race.*

2° L'histoire de Humbert I, Jean II et Guigues VIII, prédécesseurs de Humbert II.

3° La description, avec figures gravées, des sceaux des dauphins et de leurs familles, de ceux des papes, des évêques, abbés, empereurs et autres souverains, enfin de ceux des maisons les plus considérables de leur temps.

4° 363 titres servant de preuves à ces diverses parties. (7)

A l'égard du mérite de l'histoire du Dauphiné, le suffrage de Cl. de Boze suffirait bien sans doute pour l'établir auprès de ceux qui ne lisent point des ouvrages d'érudition. Il en est un encore plus recommandable, c'est celui du célèbre abbé de Vertot. « Plût à Dieu, écrivait-il à l'auteur, le 13 février « 1720, plût à Dieu que nous eussions l'histoire de « toutes nos provinces dans le même goût et de la « même main ! C'est alors véritablement qu'au lieu « de compilations peu exactes et qui ne font que se « copier les unes les autres, nous aurions une his- « toire originale et sûre de notre nation, etc. »

L'histoire de Valbonnais a acquis de nos jours un nouveau titre aux yeux des littérateurs. Un grand nombre des pièces originales qui y sont transcrites ont été détruites pendant la révolution. C'est dans ce

(7) Outre ces 363 titres, la 2° édition en contient encore 368, qui n'étaient pas dans la première ; total 731.

seul dépôt qu'on peut les trouver, et, sous ce point de vue, il est vraiment inappréciable. (8)

Croira-t-on maintenant que Valbonnais *serait inconnu dans la république des lettres, si Voltaire ne l'avait placé dans la liste des écrivains de Louis XIV*, ou plutôt ne sera-t-on pas fondé à penser qu'une prévention injuste a souvent dicté les reproches d'inexactitude faits à cet illustre écrivain (9)? et ne sera-t-on pas tenté d'adopter l'opinion d'un auteur moderne, qui, d'après le témoignage imposant de Robertson (10), le considère comme un historien non moins véridique qu'élégant? (11)

Indépendamment de l'*Histoire du Dauphiné*, Valbonnais est auteur d'un mémoire relatif à la jurisdiction des cours de Grenoble sur la principauté d'O-

(8) Chorier, dans son *Histoire générale du Dauphiné*, n'a point publié les actes où il a puisé ses matériaux; il s'est contenté de les indiquer, et souvent même de désigner les dépôts qui les contenaient.

(9) Sabatier fait à Voltaire le même reproche pour Francheville que pour Valbonnais, et ce reproche est aussi peu fondé. Joseph Dufresne de Francheville, membre de l'Académie de Berlin, né à Doulens en 1704, mort à Berlin en 1781, a laissé plusieurs ouvrages dont on trouve les titres dans tous les dictionnaires historiques ou biographiques modernes.

(10) *Voy.* l'introduction à l'Histoire de Charles-Quint, note dernière.

(11) *Voy.* ci-après la note *l*, p. 55 à 56.

range, Grenoble, 1715, in-fol. ; d'une histoire abré-
gée de la donation du Dauphiné, insérée dans le
Recueil des pièces intéressantes, Genève, 1769 ; et
de plusieurs mémoires sur divers points de la littérature ancienne et moderne, insérés dans la Collec-
tion de l'Académie des inscriptions, ou dans les
journaux français et étrangers (12). Il serait digne
de sa famille de les réunir et d'y joindre le troisième
volume de l'*Histoire du Dauphiné*, dont elle pos-
sède sans doute le manuscrit, que la mort préma-
turée de l'auteur ne lui permit pas de publier. (13)

(12) *Voy.* son éloge par de Boze.

(13) Ce manuscrit devait contenir l'*Histoire du Dauphiné*,
depuis Humbert Ier jusqu'à Bozon Ier, roi du second royaume
de Bourgogne, c'est-à-dire, depuis 1281 (en remontant
jusqu'à environ 879.)

———

(*l*) Note renvoyée de la page 52, et relative à Voltaire con-
sidéré comme historien.

L'auteur moderne dont nous parlons p. 52, et que
nous citions dans la première publication de ce Mémoire
d'après des leçons manuscrites, est J. G. Dubois-Fontanelle, alors professeur de belles-lettres à l'école centrale de
l'Isère. Dans son Cours publié depuis (4 vol. in-8°, Paris,
Dufour, 1813), il justifie (tome IV, p. 163 à 168) Voltaire
du reproche d'inexactitude, et l'attribue à l'esprit de parti,
quoiqu'il avoue d'ailleurs qu'on peut trouver quelques erreurs dans les ouvrages historiques de Voltaire, comme on
en trouve dans presque tous les historiens, même les plus
érudits.

L'opinion de Dubois-Fontanelle est partagée par beaucoup d'écrivains, tels que Palissot (*Génie de Voltaire, in-12,* 1806, *p.* 34 *et* 245)... Chaussard (*Décade,* 20 *frimaire an xiij, p.* 472)... Esménard (*Mercure d'avril* 1808, *p.* 60, 61), Grimm (*correspondance,* 3ᵉ *partie,* 1782, *t. II, p.* 93)... Hug. Blair (*Cours de réthorique, traduction de Prévôt,* 1808, *t. III, p.* 266)...

Ce dernier suffrage est d'autant plus remarquable qu'il émane d'un ami particulier des plus grands historiens anglais, Robertson, Hume et Gibbon.

Nous n'avons trouvé jusques à présent qu'un seul auteur de quelque poids, qui semble adopter un sentiment opposé. Il s'agit du même Gibbon. Le coloris, dit-il (*Bibliothèque universelle de Genève,* 1816, *littérature, t. I, p.* 99), au sujet de l'Essai sur les mœurs ; « le coloris de cet ouvrage est toujours brillant, mais le dessin SOUVENT INCORRECT. » On s'attend d'après cette assertion, à l'indication d'un grand nombre d'inexactitudes commises par Voltaire dans l'Essai... Eh! bien, Gibbon n'en cite qu'une seule, savoir ce que Voltaire y dit (chapitre 67) que Léopold, duc d'Autriche, battu par les Suisses à Morgarten, en 1315, est le même qui avait fait arrêter Richard Cœur-de-Lion; or, l'arrestation de Richard avait eu lieu en 1193, ou cent vingt-deux ans avant la bataille de Morgarten.

Voltaire a, il est vrai, commis cette erreur, ou plutôt cette inadvertance, dans deux des premières éditions de l'Essai, savoir : les éditions faites à Genève, en 1756 (réimprimée l'année suivante en Hollande) et en 1761-1763; mais il se rectifia dans celle de 1769, in-4°, en y supprimant le passage relatif à Richard, qu'on ne trouve non plus dans aucune des éditions suivantes (*note communiquée par M. Beuchot*). Il est un peu singulier que Gibbon ait plutôt consulté une édition ancienne que les éditions corrigées de son vivant (il est mort en 1794), telles que les éditions de 1769, in-4°, 1775, in-8° et surtout les grandes éditions de Kell (1785), de Bâle (id.), de Lyon et de Palissot (1792), etc. ; et il l'est encore plus qu'en 1816, les éditeurs de la bibliothèque universelle aient reproduit sa critique sans aucune remarque sur son peu de fondement.

L'exemple de Gibbon a néanmoins été suivi.

Un des rédacteurs du Moniteur (Jacques Peuchet) soutint (n. du 17 août 1813, p. 904) que Voltaire avait commis une foule d'erreurs dans l'article Coligny de la liste raisonnée des maréchaux de France, placée à la tête du Siècle de Louis XIV.

Un anonyme répondit à Peuchet (n. du 12 septembre 1813, p. 1007) qu'il suffisait de bien lire l'article de Voltaire et surtout de le bien ponctuer, pour montrer qu'aucune des nombreuses erreurs indiquées n'existait; qu'en un mot Voltaire était parfaitement d'accord sur les faits avec son critique.

Peuchet s'excusa bientôt (n. suivant, p. 1011). Il avait eu tort, il en convint, de reprocher à l'article Coligny une foule d'erreurs, mais il soutint qu'il y en avait trois, et pour le prouver il produisit l'article tel qu'il était dans le Siècle de « Louis XIV imprimé en 1768, et par conséquent du vi- « vant de l'auteur, » ajoutait-il, comme pour donner à entendre que si les trois fautes avaient été corrigées dans quelque réimpression moderne, c'était sans doute par l'éditeur et non pas par Voltaire lui-même.

Un tel procédé porterait à attribuer, avec Dubois-Fontanelle, à l'esprit de parti, les imputations d'inexactitude faites à Voltaire. En effet, les trois mêmes fautes avaient été corrigées, ce dont Peuchet ne dit pas un mot, par Voltaire lui-même, au bout d'une année, dans l'édition de 1769 in-4° déjà citée, et il avait maintenu la correction dans l'édition de 1775, in-8°, faite aussi de son vivant ; en un mot, ces fautes n'existent dans aucune des éditions postérieures à 1768, comme nous l'apprend le plus habile et le plus exact des éditeurs de Voltaire, M. Beuchot, qui a eu l'obligeance de faire les vérifications précédentes.

DESCRIPTION DES REPAS

D'HUMBERT II,

DERNIER DAUPHIN DE VIENNOIS. (1)

————

Valbonnais (*Histoire du Dauphiné*, t. 1, p. 365) a donné la description générale du service de table du dauphin Humbert II.

Il a fait observer qu'on servait quatre tables dans le palais de ce prince.

Le dauphin mangeait à la première, avec les comtes, barons et bannerets; à la seconde étaient admis les chevaliers et les principaux officiers de sa cour; à la troisième, les aumôniers et écuyers; à la quatrième, les officiers du dernier ordre. Les trois dernières tables étaient dressées dans le *tinel* ou salle du commun, où l'on distribuait aussi, soir et matin, aux commensaux, le pain et le vin du dé-jeuner et de la collation qui se faisait à la suite du sommeil de l'après-dîner. (2)

(1) Pour la lecture et la première publication de ce Mé-moire, *voy.* notre Avis, p. 7 et 8.

(2) Les gens des maisons du dauphin et de la dauphine étaient entretenus (ainsi que leurs chevaux) dans leur pa-lais. (*Valbonnais, t. II, p.* 308, *ordonnance de* 1336).

8

On distribuait aussi, le soir, du vin dans les chambres, pour les besoins de la nuit.

Le même ordre s'observait pour les tables de la dauphine.

Les valets vivaient hors de l'hôtel. On leur fournit d'abord leurs subsistances en denrées (3) ; quatre ans après ce fut en argent.

Valbonnais s'est contenté de donner une idée générale des mets qu'on servait à leur table; il a sans doute craint de s'appesantir sur des détails qui lui paraissaient blesser la majesté de l'histoire. Nous allons exposer ces mêmes détails, d'après l'ordonnance (4) où notre illustre compatriote a puisé sa description. Les mœurs du moyen âge sont si curieuses à connaître, par le contraste qu'elles offrent avec les nôtres, que cette notice nous a paru ne devoir pas être sans intérêt (5). Peut-être aussi

(3) Nous en donnerons la notice à la fin de ce Mémoire (*voy.* p. 66).

(4) Cette ordonnance est dans Valbonnais, tom. II, p. 311 à 318... Une chose assez singulière, c'est que Valbonnais, contre son usage, ne la cite point à la marge de la dissertation dont elle lui a fourni les matériaux, dissertation dont nous venons d'indiquer la substance, et qui est, nous l'avons dit, dans son tome premier.

(5) Le contraste des mœurs du moyen âge avec celles des Romains, depuis les derniers temps de la république, est encore plus frappant. Il suffit, pour s'en former une idée, de comparer les repas des prêtres et prêtresses de Rome (*voy. Magasin encycloped.*, *an* VI, t. VI, p. 433) avec ceux

pensera-t-on que la simplicité ancienne, qu'on se
plaît souvent à célébrer, n'est pas toujours digne
d'exciter nos regrets; et du moins les Sybarites modernes ne porteront-ils pas envie à la cuisine du
dauphin.

L'ordonnance de Humbert II sur le service de
ses tables, paraît avoir été faite vers 1336 ou 1337.
Le premier feuillet, qui indiquait une partie des
mets à servir dans le dîner du dimanche et du jeudi,
a été déchiré.

SOUPER DU DIMANCHE.

Premier service. — Pour le dauphin : Deux pâtés, dans chacun desquels doit être une grosse poule,
ou, si l'on n'en a point, deux poulets.

*Pour chacun des barons et officiers de haut
rang :* Un seul pâté.

Pour les chevaliers : Un pâté entre deux.

Pour les écuyers, chapelains, etc. : Un pâté, aussi
entre deux; mais, dans ce pâté, il ne doit y avoir
que la quatrième partie d'une grosse poule, la moi-

d'Humbert II, prince qui possédait un état considérable,
qui avait beaucoup de goût pour le faste et qui s'efforçait
de monter sa maison sur le modèle ; soit de celle du roi
de Naples (Robert d'Anjou, dit le Sage, neveu de Béatrix
de Hongrie, mère d'Humbert), son cousin-germain, auprès
duquel il venait de passer plusieurs années ; soit de celle
du roi de Hongrie (Charles II, dit Charobert), son oncle,
qu'il avait visité pendant ce voyage.

tié d'un poulet, et la huitième partie d'une portion ou *rotulum* (6) de viande fraîche de porc.

Pour les autres commensaux : Un pâté, également entre deux ; mais il ne doit contenir que la douzième partie du *rotulum*, sans poule ni poulet. (7)

Dessert. — Des fruits (8) et du fromage à tout le monde, à raison d'un *rotulum* (six livres et demie) pour vingt-quatre personnes; le dauphin doit avoir une portion double.

L'on voit, par la description de ce premier repas, que toutes les personnes nourries dans le palais étaient servies des mêmes mets, et qu'on n'avait égard à leur rang que dans la quantité et non dans la qualité des rations distribuées. Il faut en excepter un plat d'entremets, qui était affecté au dauphin, qu'on portait devant lui (*coram nobis*), et dont il faisait part à ses voisins lorsqu'il le jugeait à propos (on verra tout-à-l'heure si ce mets était assez délicat pour mériter une disposition particulière dans une ordonnance).

(6) Valbonnais, d'après un passage de la même ordonnance, évalue la portion désignée par le mot *rotulum*, à environ six livres et demie.

(7) Si les portions de chacun sont ainsi distinguées, c'est qu'on servait les convives séparément, ou deux à deux, ou quatre à quatre. (*Voy.* Valbonnais, t. I.)

(8) On n'indique point dans l'ordonnance la quantité ni la nature des fruits.

. Remarquez encore que si la portion du dauphin (9) était très considérable, celle des derniers valets n'excédait point ce qui était nécessaire pour leur subsistance.....

DÎNERS DU LUNDI ET DU MERCREDI.

Premier service. — *Au dauphin :* Un potage de pois blancs ou chiches, ou fèves concassées, bien préparées, avec deux livres de viande salée.

Aux barons : Le même potage, avec une livre de même viande.

Aux chevaliers : Le même potage avec une livre de viande entre deux, et ainsi de suite en diminuant. Les valets n'ont que quatre onces de viande salée chacun.

Entremets pour le dauphin seulement : De bonnes *tripes* bien purifiées et cuites à l'eau. (10)

Second service. — *Au dauphin :* Deux portions (11) de viande de bœuf et une de mouton, cuites à l'eau, avec un assaisonnement de poivre blanc ou d'au-

(9) Celle de la dauphine était, en tout point, semblable à celle du dauphin.

(10) C'est de cet entremets qu'il se réserve de faire part à ses convives : *Servidtur nobis de uno intromeysio de* TRIPIS BONIS, *benè puratis, coctis in aquâ, in bonâ quantitate, et in tantâ quod ex hoc possit transmitti aliis juxtà nostrum bene placitum*...

(11) D'après l'évaluation faite de la portion (*rotulum*) on aurait servi au dauphin dix-neuf livres et demie de viande ;

tres épiceries. — Aux autres personnes, même plat, dans la proportion déjà exposée. (12)

On recommande, à la fin de cet article, de ne pas réserver les épaules de mouton pour le souper, mais de les servir avec d'autres viandes, suivant l'ordre qu'on vient de prescrire.

SOUPERS DES LUNDIS ET MERCREDIS.

Au dauphin : Une demi-poitrine de bœuf rôti et salé.

Un entremets de six chapons ou poules, grandes et grosses, ou de douze petits poulets rôtis.

DÎNER DU MARDI.

Premier service. — Un potage bien préparé de riz, de racines ou de raves, selon ce que l'on pourra se procurer, ou même de poireaux, avec une livre de viande salée, et une demi-portion de viande de bœuf, cuite à l'eau, accompagnée de moutarde ou de roquette au lieu de sel.

Entremets. — Six grosses poules divisées chacune en deux parties, ou douze petits poulets entiers,

ce qui paraît prodigieux; mais il faut faire attention que comme les portions vont toujours en décroissant, le même article de l'ordonnance n'accorde aux derniers commensaux qu'environ trois quarts de livre de la même viande (*voir* d'ailleurs ci-apr. note 13, p. 64).

(12) Cette proportion étant la même dans tous les repas, il suffira d'indiquer la portion du dauphin.

préparés en civet, et placés dans un grand plat ou dans deux petits.

Deuxième service.—Une portion de porc frais rôti.

SOUPER DU MARDI.

Une demi-portion de bœuf rôti.

Un entremets. —1° De langues de bœuf préparées en rôt, avec une sauce *cameline*; 2° de pieds de bœuf préparés dans le vinaigre avec du persil.

Dessert. — Du fromage et des fruits, en même quantité qu'au lundi.

Les repas du mercredi sont semblables à ceux du lundi, excepté qu'on donne à dîner aux barons, qui font maigre ce jour-là, des poissons si l'on peut s'en procurer, sinon huit œufs à chacun; et aux derniers commensaux ou valets, trois seulement.

Les repas du jeudi sont les mêmes que ceux du dimanche.

DÎNER DU VENDREDI.

Ce jour-là, ainsi que les autres jours de jeûne, *extra quadragesimam tamen*, on ne servait qu'un repas dans le palais.

Premier service. — 1° Deux potages, l'un de pois blancs et de purée; l'autre, de pois chiches et de racines ou de raves; 2° des poissons en quantité suffisante, et, si l'on n'en a point, vingt-quatre œufs frits, avec un bon assaisonnement (quatre œufs aux valets.)

Entremets. — Des petits pâtés de Lorraine, avec quelques autres fritures.

Dessert. — Du fromage, comme ci-devant.

DÎNER DU SAMEDI.

Premier service. 1₀ — Deux potages d'amandes et fèves concassées, préparées avec du jus d'ognon et de l'huile d'olive; 2° des poissons frais en quantité suffisante; et si l'on n'en peut trouver, seize œufs pochés, cuits à l'eau, avec quelque bonne sauce.

Entremets. — Des tartes ou des tartelettes d'herbes.

SOUPER DU SAMEDI.

Huit œufs cuits à la braise ou à l'eau (deux aux valets).

Dessert. — Du fromage et des fruits.

Pain.

Portion du dauphin à chaque repas : Quatre pains blancs de bouche (*de bocha*), pesant chacun environ une livre et demie (*Ponderis unius libræ cum dimidia vel circa*), et huit petits pains pesant chacun une livre (13), destinés à être trempés (*pro*

_____

(13) Si l'on donnait au dauphin quatorze livres de pain à chaque repas, il n'est point étonnant qu'on lui servît jusqu'à vingt livres de viande. Au reste, la desserte considérable de ses tables était distribuée aux pauvres, comme nous l'apprenons par une ordonnance citée dans *Valbonnais*, t. I, p. 361, et t. II, p. 406.

incisorio faciendo). Valbonnais présume qu'on les trempait dans le potage.

Portion des barons : Sept livres. — *Des simples militaires* : Trois livres et demie.

Déjeuner du matin dans le Tinel pour tous les écuyers et autres servans : Douze livres de pain, six mesures de vin pur du Tinel, et une portion de viande de bœuf bien cuite.

Pour ceux des servans qui ne mangent point au palais : Même quantité de pain et de vin, et vingt-quatre œufs.

Après le dîner, on se livrait au sommeil ; et après le sommeil, on donnait à boire aux écuyers et servans dans le Tinel : on leur servait douze mesures de vin du Tinel. L'on portait aussi dans la chambre du dauphin et dans celle de la dauphine (14) deux mesures de vin de bouche.

Vin.

Il y avait trois espèces de vin : la première, appelée *vin de la bouche*, était tirée du côtes du Rhône, et réservée à la table du dauphin (voyez *Valbonnais*, t. I, p. 367) ; la seconde était appelée *vin du Tinel* ou de l'ordinaire ; elle était pour les autres tables ; enfin, les valets, qui vivaient hors du palais, usaient de la troisième ou de l'espèce la moins bonne.

---

(14) On en portait également dans la chambre des dames de la dauphine, mais en moindre quantité.

On en servait au dauphin, à chaque repas, huit mesures. Nous n'en connaissons pas la capacité; mais on peut l'évaluer par approximation en faisant attention à la portion destinée aux valets, qui était de trois quarts de mesure par tête, et l'on est fondé à penser que cette mesure était la même que celle qui est encore en usage dans le pays, et qui vaut à-peu-près une pinte de Paris.

Le soir, avant le coucher, on portait dans la chambre du dauphin deux mesures de vin de bouche, et quatre de vin du Tinel, et dans celles de toutes les autres personnes à proportion. C'est ce qu'on nommait le vin du sommeil.

REPAS DES VALETS SERVIS HORS DU PALAIS.

Dîners des dimanche, lundi et mardi : Un huitième de *rotulum* de viande de bœuf cuite à l'eau, et un potage de racines.

Lundi et mercredi : Une demi-livre de viande salée, et une écuelle de fèves.

Souper de chaque jour : Du fromage seulement ; savoir un *rotulum* pour vingt-huit.

Dîner des jours maigres : Un potage de racines

(15) Un Français, placé par la modicité de sa fortune dans les derniers rangs de la classe moyenne, ou de ce qu'on nomme la bourgeoisie, trouverait-il aujourd'hui des domestiques dans les villes, même les plus pauvres et les moins

ou de raves , et un *rotulum* de fromage entre quatorze. — *Souper* : Le fromage seulement. (15)

Pain, chaque jour : Quatre pains blancs, dont
neuf font un *rotulum*.

On sera peut-être surpris qu'un souverain ait
consacré, par de graves ordonnances, des règles
aussi minutieuses ; mais il paraît qu'Humbert était
très jaloux de ne rien laisser dans ce genre à l'arbitraire de ses officiers. Trois ans après, il détermina,
avec autant de soin, les fonctions de ses panetiers,
bouteillers, cuisiniers, etc., etc. Le chef de la cuisine, par exemple, devait s'informer avec soin de
l'heure où le dauphin voulait manger; être présent
lorsqu'on découpait la viande crue, de crainte de
fraude, etc.; — les sous-chefs, etc., devaient lui obéir,
et ne pouvaient s'absenter sans sa permission. —
Les marmitons devaient tenir la vaisselle bien pro-
pre , etc. *Ordonnance de 1340, rapportée au t.* II
(p. 293) *de Valbonnais.* — On trouve, dans le même
ouvrage, t. I, page 368, d'autres détails sur les vêtemens de toutes les personnes qui composaient la
maison du dauphin et celle de la dauphine.

peuplées des Hautes-Alpes, de la Drôme et de l'Isère, s'il
leur offrait la nourriture dont, au xive siècle, se contentaient
ceux des souverains de l'ancien Dauphiné ?

FIN.

TABLE.

www.ingramcontent.com/pod-product-compliance
Lightning Source LLC
Chambersburg PA
CBHW070858210326

41521CB00010B/1990